Inhalt

17. Welt-Aids-Konferenz - Zehn gute und zehn schlechte Nachrichten

Kernthesen

Beitrag

Fallbeispiele

Zahlen und Fakten

Weiterführende Literatur

Impressum

17. Welt-Aids-Konferenz - Zehn gute und zehn schlechte Nachrichten

Autor GENIOS BranchenWissen: A.Schneider

Kernthesen

- Rund 33 Millionen Menschen waren nach Uno-Angaben Anfang dieses Jahres mit dem HIV-Virus infiziert. Die medizinischen Forscher haben es geschafft, die tödliche Krankheit in eine chronische zu verwandeln. Trotzdem: 290 000 Mädchen und Jungen starben 2007 an den Folgen von Aids.
- Das Robert-Koch-Institut, Berlin, meldet für das Jahr 2007 eine um vier Prozent zunehmende Zahl an Neuinfektionen. Die

Zahl der HIV-Neudiagnosen in Deutschland ist damit weiter gestiegen auf insgesamt 2 752.
- Hauptkrisenregion ist nach wie vor Afrika. Mehr als 22 Millionen, also über zwei Drittel aller HIV-Infizierten, leben heute auf einem Kontinent, der nur knapp 15 Prozent der Weltbevölkerung umfasst. Doch auch in Osteuropa und Zentralasien steigt die Zahl der Aids-Neuinfektionen bedenklich.

Beitrag

Seit fast 30 Jahren zieht der Aids-Erreger HIV um die Welt, in diesem Jahr jährt sich seine Erstbeschreibung durch französische Forscher um Professor Luc Montagnier zum 25sten Mal, gerade ging die 17. Welt-Aids-Konferenz in Mexiko City zu Ende und die Robert-Koch-Stiftung Berlin veröffentlichte ihren Halbjahresbericht ein guter Moment, um die wichtigsten guten und schlechten Nachrichten und Daten in der Presse der vergangenen Wochen zusammenzutragen.

Zehn gute Nachrichten

Erstens: Die Aids-Pandemie hat sich fast 30 Jahre nach ihrem Ausbruch auf hohem Niveau stabilisiert. Rund 33 Millionen Menschen waren nach Uno-Angaben Anfang dieses Jahres mit dem Virus infiziert. (1)

Zweitens: Aids verläuft nicht mehr unbedingt tödlich. Die medizinischen Forscher haben es geschafft, aus der tödlichen Krankheit eine chronische zu machen, mit der man bei einer angepassten Lebensweise alt werden kann exzellente Versorgung mit modernen Medikamenten vorausgesetzt! (1)

Drittens: Durch eine antiretrovirale Therapie, das heißt, die Einnahme von HIV-unterdrückenden Medikamenten, und Behandlung von Sekundärinfektionen kann der Krankheitsverlauf verlangsamt werden. Da das Virus schnell Resistenzen gegenüber einzelnen Medikamenten entwickelt, hat sich die Therapie durch gleichzeitige Einnahme mehrerer Medikamente durchgesetzt, die so genannte Highly Active Antiretroviral Treatment (HAART).

Viertens: Dass Kondome Schutz bieten hat sich herumgesprochen. Die Aids-Aufklärung greift. Der seit 2004/2005 zu beobachtende Anstieg des Schutzes durch Kondomnutzung setzt sich auch in 2007 weiter fort. So nimmt der Absatz der Kondome nach einem

Rückgang zwischen 2000 und 2003 wieder kontinuierlich zu und erreichte im Jahr 2007 seinen bisher höchsten Wert von 209 Millionen Kondomen. (2)

Fünftens: Die HIV-Neudiagnosen bei Frauen sind gegenüber dem Vorjahr um 12 Prozent deutlich gesunken. Bei intravenös Drogengebrauchenden sowie Migrantinnen und Migranten gingen die HIV-Diagnosen ebenfalls zurück (minus 6% und minus 18%). (3)

Sechstens: Bei bekannter HIV-Infektion der Mutter kann das Risiko einer Übertragung auf das Kind durch die Gabe antiretroviraler Medikamente, die Geburt durch Kaiserschnitt und Verzicht auf Stillen auf ca. zwei Prozent vermindert werden. 40 Prozent beträgt die Infektionswahrscheinlichkeit von der unbehandelten Mutter auf das Kind während der natürlichen Geburt.

Siebtens: Die WHO meldete, dass die Zahl der Menschen, die in ärmeren Ländern eine moderne Aidstherapie erhalten, im vergangenen Jahr um fast eine auf knapp unter drei Millionen gestiegen ist. Damit ist jedoch immer noch nicht das bereits für 2005 avisierte Ziel erreicht, insgesamt drei Millionen Menschen zu behandeln. Und es werden damit noch nicht einmal 10 Prozent der Infizierten behandelt.

Achtens: 2,1 Millionen Menschen in Afrika erhalten Aids-Medikamente, 2002 waren es erst 50 000. Zu diesem Ergebnis kommt die Hilfsorganisation Data, die vom Sänger der irischen Popgruppe U2, Bono, und Bobby Shriver gegründet wurde. (4)

Neuntens: Südafrika denkt um. Das Land zählt mit mehr als fünf Millionen HIV-Infizierten zu den Ländern mit den höchsten Aidsraten weltweit. Viele Jahre lang wurde Aids nicht ernst genommen und nicht konsequent bekämpft. Die Regierung lehnte Medikamentenschenkungen ab und setzte auf Vitamine zur Aids-Abwehr. Nun scheint es eine Kurskorrektur zu geben. Das Land will für den Kampf gegen Aids bis 2011 für Medikamente und Aufklärung 2,4 Milliarden Euro ausgeben. (5)

Zehntens: Das Migranten-Aids-Projekt (MAP) in Hannover will in den kommenden drei Jahren europaweit in 16 Ländern bis zu 100 000 Menschen mit Migrationshintergrund über Aids aufklären. Mediatoren lernen, die Migranten in ihrer jeweiligen Muttersprache in ihrem Heimatland über die Risiken von Aids aufzuklären. Die EU unterstützt das Projekt mit 500 000 Euro. (6)

Zehn schlechte Nachrichten

Erstens: Der Fortschritt der Medizin hat auch eine Schattenseite: Die Sorglosigkeit nimmt zu, das Bewusstsein für die Gefahr ab. Die Aids-Aufklärung in den Industrieländern hat nachgelassen. Mehr als 56 000 US-Amerikaner sollen sich jährlich neu mit Aids infizieren. Das ist deutlich mehr, als bislang vermutet wurde. Doch wie soll man in Afrika auf Einsicht hoffen, wenn sich selbst gut informierte Menschen in der Ersten Welt immer häufiger nicht ausreichend vor dem Virus schützen? (1)

Zweitens: Mehr als 90 Prozent der gefährdeten Menschen weltweit würden von den wichtigsten Präventionsprogrammen überhaupt nicht erreicht, kritisieren amerikanische Wissenschaftler im Rahmen der 17. Welt-Aids-Konferenz in Mexiko-Stadt. Vielfach würden besondere Risikogruppen wie Drogenabhängige, Prostituierte und homosexuelle Männer aus politischen Gründen ignoriert.
Ähnliche Kritik übte auch Bill Clinton, der ehemalige Präsident der Vereinigten Staaten, und rief die USA sowie Schwellen- und Entwicklungsländer zur Reform ihrer Gesundheitssysteme auf. Als Beispiel nannte Clinton die USA, wo mehr als die Hälfte der HIV-Neuinfektionen Schwarze trifft, oder auch Afrika, wo jedes dritte Kind einer HIV-positiven Mutter ebenfalls

den Virus in sich trägt. (7)

Drittens: Bei der Entwicklung eines Impfstoffs gegen Aids sind die Forscher bislang nicht erfolgreich. Seit mehr als zwei Jahrzehnten wird daran gearbeitet. Doch viele HIV-Strukturen sind sehr variabel, und außerdem ist nach wie vor nicht ganz klar, welche Immunmechanismen den Aids-Erreger in Schach halten können. In Tierversuchen gibt es erste Erfolge mit Impfstoffen. Mit Lebendimpfstoffen ist es Forschern bereits gelungen, die Tiere vor der Infektion zu schützen. Eine Anwendung beim Menschen ist allerdings noch ausgeschlossen, da die Impfstoffe zu gefährlich sind für den Menschen. (8)

Viertens: Trotz zunehmender Kondomnutzung steigt die Zahl der gemeldeten HIV-Neuinfektionen. Dies zeigen die Daten der repräsentativen Wiederholungsbefragung "Aids im öffentlichen Bewusstsein der Bundesrepublik Deutschland", die die Bundeszentrale für gesundheitliche Aufklärung seit 1987 jährlich durchführt. Offenbar schützten sich Teilgruppen der sexuell aktiven Bevölkerung nicht hinreichend. (2)

Fünftens: Auch der Halbjahresbericht des Robert-Koch-Instituts, Berlin, meldet für das Jahr 2007 eine zunehmende Zahl an Neuinfektionen: Die Zahl der HIV-Neudiagnosen ist weiter gestiegen auf insgesamt

2 752. Gegenüber dem Jahr 2006 (2 643 Neudiagnosen) ist das eine Zunahme um vier Prozent. (3)

Sechstens: Bei Männern sind die Neudiagnosen um acht Prozent gestiegen. Dabei ist der Anstieg bei Männern, die Sex mit Männern haben (MSM), überproportional. (3)

Siebtens: Unicef sieht Kinder in Entwicklungsländern ganz besonders durch Aids gefährdet. Dies geht aus dem Bericht "Kinder und Aids" hervor, den das UN-Hilfswerk vor kurzem präsentierte. 290 000 Mädchen und Jungen starben demnach 2007 an den Folgen von Aids. Weltweit hätten sich im vorigen Jahr 420 000 Kinder unter 15 Jahren mit dem HI-Virus angesteckt. 90 Prozent der Betroffenen infizierten sich laut Unicef bereits bei der Geburt oder während sie gestillt wurden.
Allein in den afrikanischen Staaten südlich der Sahara haben zwölf Millionen Kinder einen oder sogar beide Elternteile durch Aids verloren. Zwei Millionen Kinder auf der ganzen Welt sind selbst mit dem Virus infiziert. (9), (10)

Achtens: Krisenherd bleibt Afrika. Weit über zwei Drittel aller HIV-Infizierten leben heute auf einem Kontinent, der nur knapp 15 Prozent der Weltbevölkerung umfasst. Schwarzafrika hatte im vergangenen Jahr 22,5 Millionen Infizierte, 1,6

Millionen starben, mit 1,7 Millionen war die Zahl der Neuinfektionen noch höher. [Abb.1]

Neuntens: Insgesamt sind 20 Prozent der Bevölkerung Südafrikas mit HIV infiziert. Das Land mit der weltweit höchsten Aids-Rate ist das benachbarte Swasiland, wo 2005 42 Prozent der Bevölkerung infiziert waren. Nach Schätzungen werden in den ärmsten Ländern 80 Prozent aller infizierten Frauen bei einer Gewalttat mit dem Virus angesteckt.

Zehntens: Insbesondere in Osteuropa und Zentralasien steigt die Zahl der Neuinfektionen. Im Zeitraum von 2004 bis 2006 ist sie von 160 000 auf 270 000 gestiegen, so meldet die WHO. (6)

Fazit

Es ist tragisch, dass die Weltgemeinschaft in der Bekämpfung von Aids noch nicht weiter vorangekommen ist und dass noch nicht einmal 10 Prozent der Infizierten adäquat behandelt werden. In vielen armen Ländern Afrikas erscheint der Kampf aussichtslos. Und für die entwickelten Staaten ist es im Grunde unerhört, dass sich noch immer so viele aus Unwissenheit oder Leichtsinn infizieren mit einer Krankheit, die vermeidbar wäre.

Fallbeispiele

Thailand:

Bordellbesitzern wurde gedroht, ihr Etablissement zu schließen, falls dort Prostituierte keine Kondome verwenden. Das zeigte Wirkung. Die Epidemie wurde wirksam bekämpft.

Lateinamerika:

Die Region ging sehr entschieden gegen Aids vor und schaffte es, die Zahl der Infizierten mit 1,7 Millionen relativ niedrig zu halten. Laut Uno werden in Lateinamerika 62 Prozent der Patienten mit Medikamenten versorgt. Weltweit ist es nur ein Drittel.

Uganda

:1992 lag die Prävalenz von HIV bei schwangeren

Frauen bei nahezu 30 Prozent und konnte auf 10 Prozent im Jahre 2000 gesenkt werden. Grundlagen dieses Erfolges waren die landesweite Einführung von Sexualkundeunterricht, flächendeckende Kampagnen zur Steigerung der Akzeptanz von Kondomen, HIV-Tests, deren Ergebnisse noch am selben Tag bekannt gegeben wurden und Selbsthilfe-Kits für sexuell übertragbare Krankheiten.

Südafrika:

Präsident Mbeki bestreitet vehement den Zusammenhang zwischen HIV und Aids. Er lehnte Medikamentenschenkungen ab und riet der Bevölkerung zu Vitaminen.

Botswana:

In Botsuana sind 32 Prozent der Schwangeren mit dem Virus infiziert. Es gibt leider einen Zusammenhang zwischen der Ernährungssituation und dem Infektionsrisiko. Werden schlecht ernährte Frauen zudem schwanger, dann übertragen sie auch mit hoher Wahrscheinlichkeit das Virus auf ihre Säuglinge.

Zahlen & Fakten

Verbreitung des HI-Virus bei Erwachsenen und Kindern nach Regionen 2007

Region	Neuinfektionen 2007	Infizierte	Todesfälle
	Anzahl*		
Nordamerika	46.000	1.300.000	21.000
Karibik	17.000	230.000	11.000
Lateinamerika	100.000	1.600.000	58.000
Schwarzafrika	1.700.000	22.500.000	1.600.000
West- und Zentraleuropa	31.000	760.000	12.000
Mittel-, Ost- und Nordafrika	35.000	380.000	25.000
Osteuropa und Zentralasien	150.000	1.600.000	55.000
Süd- und Südostasien	340.000	400.000	27.000
Ostasien	92.000	800.000	32.000
Ozeanien	14.000	75.000	1.400

*Schätzung

Quelle: WHO, UNAIDS

Entnommen aus: Sueddeutsche Zeitung, 01.12.2007, S. 13

Weiterführende Literatur

(1) Frage der Kultur

aus Handelsblatt Nr. 151 vom 06.08.08 Seite 8

(2) Sex: Aids-Angst lässt Kondomabsatz exlodieren, HIV-Neuinfektionen steigen trotzdem
aus www.LifeGen.de, 06.05.2008

(3) Aids-Alarm: Zahl der HIV-Neuinfektionen steigt weiter an
aus www.LifeGen.de, 06.05.2008

(4) Afrika wartet immer noch auf Millionen aus Deutschland
aus DIE WELT, 19.06.2008, Nr. 142, S. 12

(5) Die südafrikanische Tragödie
aus Süddeutsche Zeitung, 22.04.2008, Ausgabe Deutschland, Bayern, München, S. 9

(6) Migranten werden über Risiken von Aids aufgeklärt
aus Ärzte Zeitung Nr. 132 vom 18.07.2008, Seite 8

(7) Aids-Prävention versagt auf breiter Front
aus Handelsblatt Nr. 151 vom 06.08.08 Seite 7

(8) HIV-Bekämpfung: Vakzine-Forscher geben nicht auf
aus Ärzte Zeitung Nr. 84 vom 09.05.2008, Seite 5

(9) Aids tötet 290 000 Kinder
aus Süddeutsche Zeitung, 18.04.2008, Ausgabe Deutschland, Bayern, München, S. 9

(10) Latusseck, Rolf H., Es ist unmöglich, alle HIV-

Patienten ausreichend zu versorgen. Auf zwei Aids-Kranke, die neu in Behandlung kommen, entfallen fünf Neuinfektionen. Die Aids-Konferenz in Mexiko-Stadt war ernüchternd, Welt am Sonntag, 10.08.2008, Nr. 32, S. 66
aus Süddeutsche Zeitung, 18.04.2008, Ausgabe Deutschland, Bayern, München, S. 9

Impressum

17. Welt-Aids-Konferenz - Zehn gute und zehn schlechte Nachrichten

Bibliografische Information der deutschen Nationalbibliothek

Die Deutsche Nationalbibliothek verzeichnet diese Publikation in der deutschen Nationalbibliografie; detaillierte bibliografische Daten sind im Internet über http://dnb.d-nb.de abrufbar.

ISBN: 978-3-7379-2750-5

© 2015 GBI-Genios Deutsche Wirtschaftsdatenbank GmbH, Freischützstraße 96, 81927 München, www.genios.de

Alle Rechte vorbehalten. Dieses Werk ist einschließlich aller seiner Teile – z.B. Texte, Tabellen und Grafiken - urheberrechtlich geschützt. Jede Verwertung außerhalb der Grenzen des Urheberrechtsgesetzes bedarf der vorherigen Zustimmung des Verlags. Dies gilt insbesondere auch für auszugsweise Nachdrucke, fotomechanische

Vervielfältigungen (Fotokopie/Mikroskopie), Übersetzungen, Auswertungen durch Datenbanken oder ähnliche Einrichtungen und die Einspeicherung und Verarbeitung in elektronischen Systemen.